LES PETITS BOCAUX

de Ludovic Perraudin

À ma famille.

En couverture : recette des clochettes de chèvre à l'huile d'olive.

Conception graphique : francis m
Mise en page : Natacha Marmouget

Connectez-vous sur :
www.lamartiniere.fr

ISBN : 2-8307-0745-1

• LES PETITS DE PETITRENAUD •

LES PETITS BOCAUX

de Ludovic Perraudin

Photographies : Alain Gelberger

Stylisme : Catherine Bouillot

Minerva

Mon père m'a raconté que, lorsqu'il était enfant, ses parents pique-niquaient une fois par mois. Pas besoin de se réunir autour d'une grande table pour être heureux... Ma grand-mère, excellente cuisinière, préparait la musette garnie de bocaux dont j'ai eu envie de rassembler les recettes dans ce livre.

Pourquoi les bocaux ?

Parce que, une fois stérilisés, ils conservent les aliments en préservant leurs saveurs. La stérilisation est un procédé très simple, expliqué en fin d'ouvrage, qui vous permettra de profiter toute l'année de certains produits. Des recettes pourront donc être stérilisées. C'est le cas du lapin à la coriandre ou de la compote de rhubarbe et de fraises. Servez à vos invités les bocaux fermés, c'est toujours un plaisir de les ouvrir à table.

Certains produits ne peuvent être stérilisés, les bocaux jouent alors un rôle dans la cuisson. Utilisez-les comme de petits moules : retirez leur couvercle, faites-les cuire et, au moment de servir, refermez-les. Procédez de cette façon pour les œufs cocotte aux morilles ou les crèmes aux œufs de la grand-mère.

Enfin, pour d'autres recettes, servez-vous de vos bocaux comme de petits plats de service. Vous trouverez dans les magasins des bocaux de toutes les formes, aux systèmes de fermeture divers. Présentez donc le thon au guacamole ou le tartare de bœuf dans des bocaux, cela changera des traditionnelles assiettes !

Imaginez que vous êtes à la campagne. Une couverture est étalée dans l'herbe, votre panier en osier est bien garni et une bonne bouteille (de vin de soif ou de champagne...) baigne dans l'eau du ruisseau... le bonheur est dans le pré !

Les choses les plus simples et les plus authentiques sont toujours les meilleures, voilà pourquoi les bocaux !

Ludovic Perraudin
Restaurant Le Père Claude
51, avenue de La Motte-Picquet
75015 Paris
Tél. : 01 47 34 03 05

Sommaire

BOCAUX D'ENTRÉES

BOCAUX DE VIANDES ET DE POISSONS

BOCAUX DE FROMAGES

BOCAUX DE DESSERTS

Harengs aux pommes à l'huile

TEMPS DE PRÉPARATION
35 minutes + 15 minutes de stérilisation

INGRÉDIENTS POUR 4 PERSONNES

10 filets de harengs (marinés 1 journée dans l'huile d'olive, si possible)
1 kg de pommes de terre (type roseval)
2 carottes coupées en rondelles
2 oignons rouges émincés
1 botte de ciboulette hachée
12 cl de vin blanc
8 cl de vinaigre de vin blanc
20 cl d'huile d'olive
Sel
Poivre du moulin

1 bocal de 1 000 ml stérilisé avec joint en caoutchouc

Préparez une vinaigrette : faites dissoudre 1 pincée de sel dans le vinaigre. Ajoutez 1 tour de moulin à poivre et versez l'huile d'olive en fouettant. Réservez.

Déposez les pommes de terre dans une casserole d'eau froide salée. Portez à ébullition et laissez-les cuire 20 minutes. Épluchez-les et coupez-les en rondelles dans un plat creux. Arrosez-les de vin blanc, salez, poivrez et mélangez.

Ajoutez les oignons, les carottes et la ciboulette, versez la vinaigrette et mélangez.

Égouttez les filets de harengs et disposez-les à la verticale contre la paroi du bocal. Ajoutez le mélange à base de pommes de terre au centre.

Nettoyez le bord du bocal à l'aide d'un torchon humide, placez le joint en caoutchouc et fermez le bocal.

Stérilisez-le 15 minutes (voir conseils et méthode p. 76).

Vous pouvez conserver ce bocal 3 mois dans un endroit sec et frais.

Terrine de viandes

TEMPS DE PRÉPARATION
15 minutes + 50 minutes de stérilisation
+ 48 heures de repos

INGRÉDIENTS POUR 4 PERSONNES

180 g de gorge de porc hachée
180 g de poitrine de porc hachée
180 g de ris de veau parés, dégorgés et coupés en morceaux
125 g de foies de volaille hachés
100 g de foie gras de canard cru
10 cl de gelée instantanée
1 cuillerée à café de quatre-épices
Sel
Poivre du moulin

1 bocal de 750 ml stérilisé avec joint en caoutchouc

Dans un saladier, mélangez la gorge et la poitrine de porc, les foies de volaille et les ris de veau. Ajoutez le quatre-épices, 6 pincées de sel et 3 tours de moulin à poivre, puis mélangez bien.

Coupez le foie gras en dés de 1 cm de côté environ.

Remplissez le bocal à mi-hauteur du mélange des viandes, ajoutez les dés de foie gras, puis recouvrez du reste des viandes. Versez la gelée.

Nettoyez le bord du bocal à l'aide d'un torchon humide. Placez le joint en caoutchouc et fermez le bocal.

Stérilisez-le 50 minutes (voir conseils et méthode p. 76). Laissez-le refroidir dans l'eau 24 heures et réservez-le à nouveau 24 heures au réfrigérateur.

Vous pouvez conserver cette terrine 4 mois dans un endroit sec et frais (1 semaine si elle a été ouverte).

Œufs en gelée

TEMPS DE PRÉPARATION
40 minutes + 2 heures au réfrigérateur
(pas de stérilisation)

INGRÉDIENTS POUR 4 PERSONNES

4 œufs à température ambiante
2 tranches épaisses de jambon du Morvan
50 g de petits pois cuits
3 carottes cuites
1 gros navet cuit
1/2 botte de persil plat haché
60 cl de bouillon de volaille
2 feuilles de gélatine
Sel
Poivre du moulin

4 bocaux de 135 ml

Plongez les œufs dans une casserole d'eau bouillante. Dès que l'ébullition reprend, laissez-les cuire 7 minutes à feu doux. Rafraîchissez-les, écalez-les et réservez-les dans de l'eau froide.

Dans une casserole, faites chauffer le bouillon de volaille 15 minutes à feu vif. Il doit avoir réduit d'un tiers environ. Faites ramollir les feuilles de gélatine dans de l'eau froide et incorporez-les au bouillon. Ajoutez le persil, salez, poivrez et mélangez. Versez une couche de bouillon de 5 mm environ dans chaque bocal. Inclinez-les afin de répartir la gelée sur les parois et laissez prendre 15 minutes au réfrigérateur.

Coupez les carottes, le navet et le jambon en petits dés et mélangez-les aux petits pois. Déposez le tout dans le reste de bouillon et mélangez.

Déposez un œuf au centre de chaque bocal et versez le bouillon aux légumes. Fermez les bocaux et laissez-les prendre 2 heures au réfrigérateur.

Vous pouvez laisser infuser une botte de coriandre ciselée 20 minutes dans le bouillon avec la gelée avant de le passer au chinois et d'en verser une couche dans vos bocaux.

Œufs cocotte aux morilles

TEMPS DE PRÉPARATION
25 minutes (pas de stérilisation)

INGRÉDIENTS POUR 4 PERSONNES

8 œufs
250 g de morilles fraîches
(ou 150 g de morilles séchées)
2 échalotes émincées
30 cl de crème fraîche liquide
50 g de beurre
Sel
Poivre du moulin

4 bocaux de 135 ml

Équeutez les morilles, coupez-les en deux dans le sens de la longueur, lavez-les et égouttez-les.

Dans une casserole, faites chauffer 30 g de beurre et faites-y cuire les échalotes 5 minutes à feu moyen. Ajoutez les morilles et la crème liquide, puis laissez réduire 10 minutes à feu doux. Réservez cette crème de morilles.

Beurrez, salez et poivrez le fond des bocaux. Cassez délicatement deux œufs dans chacun d'eux.

Fermez les bocaux et entourez-les d'un linge afin d'éviter qu'ils s'entrechoquent pendant la cuisson. Déposez-les dans un bain-marie à feu vif. Dès que l'eau commence à frémir, baissez le feu et laissez cuire 8 minutes.

Retirez les bocaux du feu, ouvrez-les et répartissez-y la crème de morilles. Fermez les bocaux et servez.

Vous pouvez remplacer la crème de morilles par une crème à l'aneth et ajouter des lanières de saumon fumé. On ne peut pas stériliser les œufs, mais vous pouvez stériliser la crème de morilles et l'utiliser pour agrémenter des pâtes ou des escalopes de veau.

Saucisson de Lyon aux pommes de terre

TEMPS DE PRÉPARATION
1 heure + 25 minutes de stérilisation

INGRÉDIENTS POUR 4 PERSONNES

1 saucisson de Lyon
500 g de pommes de terre (type roseval)
2 échalotes hachées
1/2 cuillerée à café de poivre en grains
1/2 botte de persil plat
2 cuillerées à soupe de moutarde
10 cl de vin blanc sec
2 cuillerées à soupe de vinaigre de vin blanc
3 cuillerées à soupe d'huile d'olive
Sel
Poivre du moulin

2 bocaux de 500 ml stérilisés avec joints en caoutchouc

Déposez le saucisson dans une casserole et couvrez-le d'eau. Portez à ébullition et laissez cuire 30 minutes à feu vif. Laissez-le refroidir dans l'eau. Sans jeter l'eau de cuisson, égouttez le saucisson, retirez la peau et coupez-le en rondelles.

Déposez les pommes de terre dans une casserole d'eau froide salée. Portez à ébullition et laissez-les cuire 20 minutes. Épluchez-les, coupez-les en rondelles et déposez-les dans un saladier. Arrosez-les de vin et de 1 cuillerée à soupe de vinaigre. Faites dissoudre 1 pincée de sel dans le reste de vinaigre. Ajoutez 1 tour de moulin à poivre et la moutarde, puis versez l'huile d'olive en fouettant.

Ajoutez aux pommes de terre les échalotes, le persil et 1 cuillerée à soupe de vinaigrette, puis mélangez.

Dans chaque bocal, alternez les couches de pommes de terre et de saucisson. Ajoutez 1 cuillerée à soupe d'eau de cuisson du saucisson et le poivre en grains.

Nettoyez le bord des bocaux à l'aide d'un torchon humide, placez les joints en caoutchouc et fermez les bocaux.

Stérilisez-les 25 minutes (voir conseils et méthode p. 76).

Vous pouvez conserver ces bocaux 2 mois dans un endroit sec et frais

Terrine de foie gras à l'armagnac

TEMPS DE PRÉPARATION
1 nuit de marinade + 10 minutes
+ 25 minutes de stérilisation
+ 48 heures de repos

INGRÉDIENTS POUR 4 PERSONNES

1 kg de foie gras de canard cru

10 cl d'armagnac

Sel

Poivre du moulin

1 bocal de 750 ml stérilisé avec joint en caoutchouc

La veille, dénervez soigneusement les lobes de foie gras à l'aide d'un couteau pointu. Déposez-les dans un plat creux, salez-les, poivrez-les et arrosez-les d'armagnac. Laissez-les mariner toute la nuit au réfrigérateur.

Le jour même, déposez le foie gras dans le bocal en le tassant bien afin qu'il ne reste pas d'air.

Nettoyez le bord du bocal à l'aide d'un torchon humide. Placez le joint en caoutchouc et fermez le bocal.

Stérilisez-le 25 minutes (voir conseils et méthode p. 76). Laissez-le refroidir dans l'eau 24 heures et réservez-le à nouveau 24 heures au réfrigérateur.

Vous pouvez conserver cette terrine 2 mois dans un endroit sec et frais (1 semaine si elle a été ouverte).

Champignons sauvages à l'huile d'olive

TEMPS DE PRÉPARATION
10 minutes + 30 minutes de stérilisation

INGRÉDIENTS POUR 4 PERSONNES

1 kg de mousserons
(ou les champignons de votre choix)
2 gousses d'ail hachées
15 cl d'huile d'olive
Sel
Poivre du moulin

1 bocal de 750 ml stérilisé avec joint en caoutchouc

Lavez et égouttez les mousserons.
Faites chauffer l'huile dans une poêle et faites-y revenir les champignons et l'ail 5 minutes à feu vif. Salez, poivrez et versez la préparation dans le bocal. Laissez refroidir.
Nettoyez le bord du bocal à l'aide d'un torchon humide. Placez le joint en caoutchouc et fermez le bocal.
Stérilisez-le 30 minutes (voir conseils et méthode p. 76).

Une autre méthode consiste à blanchir les champignons crus pendant 2 minutes, les rafraîchir, les déposer dans les bocaux et les recouvrir de l'eau de cuisson avant de les stériliser. Vous pouvez conserver ce bocal pendant 1 an dans un endroit sec et frais.

Cœurs d'artichauts aux tomates

Remplissez un saladier d'eau froide, versez-y le jus des citrons et plongez-y les cœurs d'artichauts.

Faites chauffer 2 cuillerées à soupe d'huile d'olive dans une cocotte, ajoutez les oignons, les gousses d'ail, le poivre en grains, le thym et le laurier, puis laissez cuire 10 minutes à feu doux. Incorporez les cœurs d'artichauts égouttés et le fond de volaille, puis portez à ébullition. Faites cuire 20 minutes à feu doux et laissez refroidir.

Répartissez joliment les cœurs d'artichauts et les tomates séchées contre la paroi du bocal. Ajoutez les oignons, l'ail, le thym et le laurier, puis versez le reste d'huile d'olive.

Nettoyez le bord du bocal à l'aide d'un torchon humide, placez le joint en caoutchouc et fermez le bocal.

Stérilisez-le 30 minutes (voir conseils et méthode p. 76).

Vous pouvez conserver ce bocal 4 mois dans un endroit sec et frais.

TEMPS DE PRÉPARATION
40 minutes + 30 minutes de stérilisation

INGRÉDIENTS POUR 4 PERSONNES

1 kg de cœurs d'artichauts violets
100 g de tomates séchées
3 oignons coupés en rondelles
4 gousses d'ail épluchées
1/2 cuillerée à café de poivre en grains
4 branches de thym
2 feuilles de laurier
Le jus de 3 citrons
1 litre de fond de volaille
1 litre d'huile d'olive
Sel

1 bocal de 1000 ml stérilisé avec joint en caoutchouc

Boudin aux aubergines et aux oignons

TEMPS DE PRÉPARATION
30 minutes (pas de stérilisation)

INGRÉDIENTS POUR 4 PERSONNES
200 g de boudin noir
2 aubergines
5 oignons rouges
1 pincée de piment d'Espelette
1 clou de girofle
5 brins de persil plat haché
50 cl de vin rouge
10 cl de vinaigre balsamique
2 cuillerées à soupe de crème fraîche épaisse
100 g de cassonade
Sel
Poivre du moulin

4 bocaux de 135 ml

Épluchez les oignons et coupez-les en rondelles. Lavez les aubergines, retirez leur pédoncule et coupez-les en dés. Déposez-les dans une cocotte avec le vin, le vinaigre, la cassonade et le clou de girofle. Portez à ébullition et laissez cuire 25 minutes à feu doux. Le jus de cuisson doit avoir complètement réduit. Réservez cette confiture d'aubergines et d'oignons.

Retirez la peau du boudin et écrasez-le dans un saladier avec le piment d'Espelette, le persil, la crème fraîche, 1 pincée de sel et 1 tour de moulin à poivre. Mélangez bien jusqu'à l'obtention d'une consistance crémeuse.

Répartissez la confiture d'aubergines et d'oignons dans les bocaux et ajoutez une couche de crème de boudin noir. Fermez les bocaux et servez aussitôt.

Vous pouvez remplacer le boudin noir par du boudin blanc et la confiture d'aubergines et d'oignons par de la compote de pommes.

Terrine de foies de volaille

Faites chauffer l'huile d'arachide dans une poêle. Ajoutez les foies de volaille, l'échalote, l'ail, 1 pincée de sel et 1 tour de moulin à poivre, puis laissez cuire le tout 7 minutes à feu vif. Versez le cognac et flambez jusqu'à extinction. Égouttez les foies et laissez-les refroidir.

Déposez les foies de volaille dans le bol d'un mixeur et mixez-les en incorporant le beurre petit à petit.

Ajoutez les feuilles de persil, 1 pincée de sel et 1 tour de moulin à poivre, puis mélangez. Répartissez cette préparation dans les bocaux. Fermez les bocaux et réservez-les 24 heures au réfrigérateur avant de servir.

Vous pouvez conserver ces bocaux 1 semaine au réfrigérateur. Accompagnez-les de tranches de pain poêlées dans l'huile d'olive.

TEMPS DE PRÉPARATION
20 minutes + 24 heures de repos
(pas de stérilisation)

**INGRÉDIENTS
POUR 4 PERSONNES**

200 g de foies de volaille
1 échalote émincée
1 gousse d'ail hachée
3 brins de persil plat
2 cl de cognac
150 g de beurre ramolli
2 cuillerées à soupe d'huile d'arachide
Sel
Poivre du moulin

4 bocaux de 135 ml

Thon au guacamole

TEMPS DE PRÉPARATION
20 minutes (pas de stérilisation)

INGRÉDIENTS POUR 4 PERSONNES

4 fines tranches de thon sans peau de 100 g chacune environ
2 avocats
3 tomates
1 échalote émincée
2 brins d'aneth ciselé
Le jus de 2 citrons
2 gouttes de Tabasco®
4 cuillerées à café de sauce soja
4 cuillerées à soupe de vinaigre balsamique
1 cuillerée à soupe de crème fraîche liquide
6 cuillerées à soupe d'huile de sésame
Sel
Poivre du moulin

4 bocaux de 135 ml

Préparez une marinade : mélangez la moitié du jus de citron et 3 cuillerées à soupe d'huile de sésame.

Salez et poivrez les tranches de thon, puis trempez-les rapidement des deux côtés dans la marinade. Poêlez le thon sur une seule face 1 minute à feu vif. Il doit être mi-cuit.

Mixez la chair des avocats avec le reste de jus de citron, le Tabasco®, la crème liquide, 1 pincée de sel et 1 tour de moulin à poivre. Réservez ce guacamole.

Plongez les tomates 30 secondes dans de l'eau bouillante. Rafraîchissez-les, pelez-les et coupez-les en fines rondelles. Déposez-les dans un saladier et versez le reste d'huile de sésame. Ajoutez l'échalote, le vinaigre balsamique, 1 pincée de sel et 1 tour de moulin à poivre. Mélangez délicatement.

Étalez une couche de guacamole dans chaque bocal, ajoutez quelques rondelles de tomates, 1 cuillerée à café de sauce soja, une tranche de thon et à nouveau des rondelles de tomates. Décorez d'aneth, fermez les bocaux et servez.

Vous pouvez ajouter une couche d'herbes ciselées de votre choix à vos bocaux.

Curry d'agneau

TEMPS DE PRÉPARATION
1 heure 40 + 40 minutes de stérilisation

INGRÉDIENTS POUR 4 PERSONNES

1 kg d'épaule d'agneau désossée
1 banane coupée en rondelles
1 pomme (type granny-smith)
1 tomate
40 g de raisins secs
1 oignon émincé
4 gousses d'ail épluchées
20 g de curry en poudre
1 bouquet garni
2 cuillerées à soupe de concentré de tomate
1 litre de fond de veau
2 cuillerées à soupe de crème fraîche liquide
3 cuillerées à soupe d'huile d'olive
Sel
Poivre du moulin

4 bocaux de 200 ml stérilisés avec joints en caoutchouc

Coupez l'épaule d'agneau en cubes de 1 cm de côté environ et déposez-les dans un récipient creux. Saupoudrez-les de curry, salez, poivrez et mélangez.

Faites chauffer l'huile d'olive dans une cocotte et faites-y revenir l'agneau 5 minutes à feu vif. Ajoutez l'oignon, l'ail et le concentré de tomate, puis laissez cuire le tout 5 minutes à feu vif. Ajoutez la banane, la pomme non épluchée coupée en morceaux, les raisins secs, la tomate coupée en quatre, le bouquet garni et le fond de veau, puis portez à ébullition à feu vif. Couvrez et laissez cuire 1 heure 30 à feu moyen.

Égouttez l'agneau et répartissez-le dans les bocaux avec les raisins.

Faites réduire la sauce 10 minutes à feu vif. Ajoutez la crème liquide, retirez le bouquet garni et mixez le tout. Laissez refroidir et répartissez cette sauce dans les bocaux.

Nettoyez le bord des bocaux à l'aide d'un torchon humide, placez les joints en caoutchouc et fermez les bocaux.

Stérilisez-les 40 minutes (voir conseils et méthode p. 76).

Vous pouvez conserver ces bocaux 3 mois dans un endroit sec et frais.

Lotte et thon comme une papillote

Équeutez les morilles, coupez-les en deux dans le sens de la longueur, lavez-les et égouttez-les. Faites chauffer le beurre dans une casserole et faites-y cuire les morilles 5 minutes à feu moyen. Réservez-les.

Détaillez les filets de lotte et le thon en quatre morceaux chacun. Lavez et émincez les encornets.

Dans chaque bocal, versez 1 cuillerée à soupe d'huile d'olive. Ajoutez 1 pincée de sel, 1 tour de moulin à poivre, une couche d'encornets et un peu d'ail et d'échalote. Salez et poivrez. Ajoutez un brin d'aneth et une tranche de lotte. Salez, poivrez, puis ajoutez quelques tomates et une tranche de thon. Salez et poivrez à nouveau. Versez la crème liquide et ajoutez quelques morilles.

Nettoyez le bord des bocaux à l'aide d'un torchon humide, placez les joints en caoutchouc et fermez les bocaux. Déposez-les dans une cocotte et versez de l'eau à la moitié de leur hauteur. Portez à ébullition et laissez cuire 15 minutes à feu moyen. Servez aussitôt.

Vous pouvez servir ce plat dans les bocaux ou dans des assiettes creuses en l'agrémentant d'un jaune d'œuf.

TEMPS DE PRÉPARATION
20 minutes (pas de stérilisation)

INGRÉDIENTS POUR 4 PERSONNES

120 g de filet de lotte sans peau et sans arêtes
120 g de thon rouge sans peau
100 g d'encornets vidés
50 g de morilles (facultatif)
50 g de tomates séchées
1 échalote émincée
1 gousse d'ail écrasée
4 brins d'aneth ciselé
16 cl de crème fraîche liquide
4 cuillerées à soupe d'huile d'olive
30 g de beurre
Sel
Poivre du moulin

4 bocaux de 200 ml stérilisés avec joints en caoutchouc

Queues de bœuf en gelée

TEMPS DE PRÉPARATION
1 nuit de marinade + 2 heures 30 +
40 minutes de stérilisation

INGRÉDIENTS POUR 4 PERSONNES

1 kg de queues de bœuf
4 carottes
1 navet
1 branche de céleri
1 oignon
1 gousse d'ail hachée
2 clous de girofle
1/2 botte de persil plat haché
1 bouquet garni
75 cl de vin rouge
1 feuille de gélatine
Sel
Poivre du moulin

4 bocaux de 200 ml stérilisés avec joints en caoutchouc

La veille, coupez les queues de bœuf en lamelles et déposez-les dans un saladier. Salez et poivrez. Piquez l'oignon épluché des clous de girofle et ajoutez-le aux queues de bœuf avec les carottes, le navet et la branche de céleri épluchés, l'ail, le bouquet garni et le vin, puis laissez mariner toute la nuit au réfrigérateur. Le jour même, versez le contenu du saladier dans une cocotte. Portez à ébullition, couvrez et laissez cuire 2 heures 15 à feu doux. Laissez refroidir, récupérez les carottes, coupez-les en rondelles et réservez-les.

Émiettez les queues de bœuf dans la cocotte, puis laissez réduire 10 minutes à feu vif.

Retirez le bouquet garni, le navet, le céleri, l'oignon et les clous de girofle. Ajoutez la gélatine ramollie dans un peu d'eau froide, les rondelles de carottes, le persil, 1 pincée de sel et 1 tour de moulin à poivre. Mélangez et répartissez dans les bocaux. Nettoyez le bord des bocaux à l'aide d'un torchon humide, placez les joints en caoutchouc et fermez les bocaux.

Stérilisez-les 40 minutes (voir conseils et méthode p. 76).

Vous pouvez conserver ces bocaux 3 mois dans un endroit sec et frais.

Endives au jambon du Morvan

TEMPS DE PRÉPARATION
50 minutes + 20 minutes de stérilisation

INGRÉDIENTS POUR 4 PERSONNES

8 endives bien blanches et fermées
8 tranches fines de jambon du Morvan
60 g de comté râpé
1/2 cuillerée à café de noix de muscade râpée
50 cl de sauce béchamel
Le jus de 1/2 citron
Le jus de 1/2 orange
60 g de beurre
Sel
Poivre du moulin

1 bocal de 1 000 ml stérilisé avec joint en caoutchouc

Retirez les feuilles abîmées des endives. Essuyez celles-ci sans les laver et évidez leur base.

Déposez-les dans une cocotte avec 30 g de beurre, les jus de citron et d'orange, 1 pincée de sel et 60 cl d'eau. Couvrez et portez à ébullition à feu vif, puis laissez cuire 35 minutes à feu moyen. Égouttez les endives et laissez-les refroidir.

Versez la béchamel dans une casserole et laissez-la réduire 5 minutes à feu doux. Ajoutez le comté, le reste de beurre, la muscade et 1 tour de moulin à poivre, puis mélangez bien.

Roulez les endives dans les tranches de jambon. Disposez-les soigneusement à la verticale dans le bocal et versez la béchamel.

Nettoyez le bord du bocal à l'aide d'un torchon humide, placez le joint en caoutchouc et fermez le bocal.

Stérilisez-le 20 minutes (voir conseils et méthode p. 76).

Vous pouvez conserver ce bocal 1 mois dans un endroit sec et frais.

Tête et langue de veau

La veille, déposez la tête de veau dans un saladier d'eau froide et réservez-le au frais. Le jour même, rincez la tête, égouttez-la et déposez-la dans une cocotte avec la langue. Ajoutez les carottes, les oignons, l'ail, le thym, le laurier, le poivre, les clous de girofle et 3 pincées de fleur de sel, puis versez de l'eau à hauteur de la cocotte. Couvrez et portez à ébullition à feu vif. Baissez le feu et laissez cuire 2 heures.

Égouttez la langue et laissez cuire la tête 40 minutes. Ajoutez les pommes de terre et les navets à la tête, puis laissez cuire 20 minutes.

Égouttez la tête et les légumes en conservant le bouillon dans la cocotte. Dégraissez le bouillon et passez-le au chinois. Coupez la tête de veau en gros morceaux et retirez une partie du gras. Coupez les légumes en morceaux et épluchez la langue.

Déposez le tout dans le bocal et versez le bouillon. Nettoyez le bord du bocal à l'aide d'un torchon humide, placez le joint en caoutchouc et fermez le bocal.

Stérilisez-le pendant 1 heure (voir conseils et méthode p. 76).

Vous pouvez conservez ce bocal 2 mois dans un endroit sec et frais. Accompagnez-le de sauce gribiche.

TEMPS DE PRÉPARATION
1 nuit au réfrigérateur + 4 heures + 1 heure de stérilisation

INGRÉDIENTS POUR 4 PERSONNES

1/2 tête de veau
1/2 langue de veau
500 g de pommes de terre épluchées (type BF 15)
5 navets épluchés
2 carottes épluchées
2 oignons épluchés
1/2 gousse d'ail épluchée
2 clous de girofle
2 branches de thym
2 feuilles de laurier
3 cuillerées à café de poivre en grains concassé
Fleur de sel

1 bocal de 1000 ml stérilisé avec joint en caoutchouc

Écrevisses à la nage

Épluchez la carotte et coupez-la en rondelles. Déposez-la dans une grande casserole avec l'oignon, les échalotes, la gousse d'ail, le thym, le laurier, le persil, 1 pincée de sel, le poivre en grains et le piment de Cayenne. Versez le vin blanc et 1 litre d'eau, puis portez à ébullition. Laissez cuire 15 minutes à feu doux.

Plongez la moitié des écrevisses dans ce bouillon et laissez-les cuire 5 minutes à feu vif en remuant de temps en temps. Égouttez-les et faites cuire le reste des écrevisses de la même façon.

Salez et poivrez les écrevisses et répartissez-les dans les bocaux. Couvrez-les de leur jus de cuisson et ajoutez deux brins d'estragon par bocal. Fermez les bocaux et laissez-les refroidir. Réservez-les 4 heures au réfrigérateur et servez-les.

Vous pouvez conserver ces bocaux 1 semaine au réfrigérateur. Il est déconseillé de les stériliser, car la chair des écrevisses aurait tendance à durcir.

TEMPS DE PRÉPARATION
30 minutes + 4 heures au réfrigérateur (pas de stérilisation)

INGRÉDIENTS POUR 4 PERSONNES

3 kg d'écrevisses vivantes (pattes rouges)
1 carotte
1 oignon émincé
4 échalotes émincées
1 gousse d'ail épluchée
1/2 cuillerée à café de poivre en grains concassé
1 pincée de piment de Cayenne
4 brins d'estragon
1 branche de thym
1 feuille de laurier
1/2 botte de persil haché
35 cl de vin blanc sec
Sel
Poivre du moulin

2 bocaux de 1000 ml

Tartare de bœuf

TEMPS DE PRÉPARATION
10 minutes (pas de stérilisation)

INGRÉDIENTS POUR 4 PERSONNES

700 g de rumsteck haché
5 pimientos del piquillo (frais ou en bocaux)
6 cuillerées à café de câpres
4 jaunes d'œufs
2 oignons
2 échalotes
6 cuillerées à café de moutarde de Meaux
6 cuillerées à café de ketchup
4 cuillerées à soupe de Worcestershire sauce
2 gouttes de Tabasco®
Sel
Poivre du moulin

4 bocaux de 200 ml

Préchauffez le gril du four.
Lavez les pimientos et passez-les entiers sous le gril (ou au barbecue) jusqu'à ce qu'ils noircissent. Pelez-les, égrainez-les et émincez-les.
Épluchez et hachez les échalotes.
Dans un saladier, mélangez le rumsteck, les pimientos, les oignons, les échalotes, les câpres, la moutarde, le ketchup, la Worcestershire sauce, le Tabasco®, 1 pincée de sel et 1 tour de moulin à poivre.
Répartissez ce tartare de bœuf dans les bocaux et déposez un jaune d'œuf par-dessus. Fermez les bocaux et servez.

Vous pouvez remplacer le bœuf par la même quantité de thon ou de saumon.

Thon aux tomates et à l'ail

Plongez les tomates quelques secondes dans de l'eau bouillante salée, rafraîchissez-les et épluchez-les. Épépinez-les et coupez-les en petits dés, puis répartissez-les dans les bocaux.

Épluchez et hachez finement l'ail. Disposez-en une couche dans les bocaux, sur les dés de tomates.

Coupez le thon en quatre. Salez et poivrez les morceaux sur les deux faces et répartissez-les dans les bocaux, sur l'ail. Versez l'huile d'olive.

Nettoyez le bord des bocaux à l'aide d'un torchon humide, placez les joints en caoutchouc et fermez les bocaux.

Stérilisez-les 45 minutes (voir conseils et méthode p. 76).

Vous pouvez conserver ces bocaux 2 mois dans un endroit sec et frais.

TEMPS DE PRÉPARATION
10 minutes + 45 minutes de stérilisation

INGRÉDIENTS POUR 4 PERSONNES

800 g de thon cru sans peau
4 tomates
4 gousses d'ail
80 cl d'huile d'olive
Sel
Poivre du moulin

4 bocaux de 200 ml stérilisés avec joints en caoutchouc

Lapin à la coriandre

TEMPS DE PRÉPARATION
1 heure 30 + 30 minutes de stérilisation

INGRÉDIENTS POUR 4 PERSONNES

1 lapin
2 navets
1 blanc de poireau
1 carotte
1 oignon
1 bouquet garni
1 botte de coriandre ciselée
1 cuillerée à café de poivre en grains concassé
1 feuille de gélatine
Sel
Poivre du moulin

1 bocal de 1500 ml stérilisé avec joint en caoutchouc

Dans une cocotte, déposez le lapin entier, la carotte, l'oignon et les navets épluchés, le blanc de poireau, le bouquet garni et le poivre en grains. Couvrez d'eau et laissez cuire 45 minutes à feu doux en écumant souvent. Laissez refroidir. Égouttez le lapin et réservez le bouillon. Désossez le lapin et émiettez sa chair dans un saladier.

Retirez les légumes du bouillon et coupez-les en dés. Faites réduire le bouillon 30 minutes à feu vif. Il doit avoir réduit de moitié. Incorporez-y la feuille de gélatine préalablement ramollie dans un peu d'eau froide et les dés de légumes, puis portez à ébullition. Ajoutez la chair de lapin et la coriandre. Salez, poivrez et mélangez bien.

Versez le tout dans le bocal. Nettoyez le bord à l'aide d'un torchon humide, placez le joint en caoutchouc et fermez le bocal.

Stérilisez-le 30 minutes (voir conseils et méthode p. 76).

Vous pouvez conserver ce bocal 2 mois dans un endroit sec et frais. Vous pouvez remplacer le lapin par du poulet et la coriandre par de l'estragon.

Sardines à la compote d'aubergines

TEMPS DE PRÉPARATION
35 minutes + 30 minutes de stérilisation

INGRÉDIENTS POUR 4 PERSONNES

12 sardines fraîches vidées
2 aubergines
2 tomates
1 oignon émincé
1 gousse d'ail hachée
2 tiges de basilic haché
20 cl de vin rouge
10 cl de vinaigre balsamique
15 cl d'huile d'olive
50 g de sucre semoule
Sel
Poivre du moulin

4 bocaux de 200 ml stérilisés avec joints en caoutchouc

Lavez les aubergines, retirez le pédoncule et coupez-les en dés. Plongez les tomates 30 secondes dans de l'eau bouillante, pelez-les, épépinez-les et coupez-les en petits dés.

Faites chauffer l'huile d'olive dans une poêle. Ajoutez les dés d'aubergines, l'oignon et l'ail, puis faites-les revenir 5 minutes à feu doux. Ajoutez le sucre et laissez caraméliser 10 minutes à feu doux. Versez le vin et le vinaigre, portez à ébullition et laissez cuire 12 minutes à feu doux. Ajoutez les tomates et le basilic, salez, poivrez et mélangez.

Lavez les sardines et coupez-les en deux dans le sens de la longueur afin d'ôtez les arêtes. Salez-les et poivrez-les des deux côtés.

Disposez les sardines à la verticale contre la paroi des bocaux, versez au milieu la compote d'aubergines et rabattez les sardines par-dessus. Nettoyez le bord des bocaux à l'aide d'un torchon humide, placez les joints en caoutchouc et fermez les bocaux.

Stérilisez-les 30 minutes (voir conseils et méthode p. 76).

Vous pouvez conserver ces bocaux 2 mois dans un endroit sec et frais.

Encornets à l'andalouse

Lavez les encornets, essuyez-les et émincez-les. Dans une poêle, faites chauffer 4 cuillerées à soupe d'huile d'olive et laissez cuire les encornets 4 minutes à feu vif. Égouttez-les et réservez.

Faites griller les poivrons entiers sous le gril du four jusqu'à ce qu'ils noircissent. Pelez-les, égrainez-les et coupez-les en lanières. Réservez.

Poêlez les dés de pain dans 1 cuillerée à soupe d'huile. Hachez-les et mélangez-les avec la coriandre, l'ail, le safran, les amandes en poudre, la moutarde et 3 cuillerées à soupe d'huile.

Dans une cocotte, faites chauffer le reste d'huile d'olive, ajoutez les encornets, les poivrons, les oignons et les tomates. Salez, poivrez et laissez cuire 10 minutes à feu moyen. Arrosez de vin, couvrez et laissez cuire 40 minutes à feu doux. Ajoutez le mélange à base de pain et laissez cuire 5 minutes.

Versez cette préparation dans le bocal. Nettoyez le bord à l'aide d'un torchon humide, placez le joint en caoutchouc et fermez le bocal.

Stérilisez-le 40 minutes (voir conseils et méthode p. 76).

Vous pouvez conserver ce bocal 2 mois dans un endroit sec et frais.

TEMPS DE PRÉPARATION
1 heure 10 + 40 minutes de stérilisation

INGRÉDIENTS POUR 4 PERSONNES

1 kg d'encornets vidés
4 poivrons rouges
5 tomates épépinées coupées en dés
4 tranches de pain de campagne coupées en dés
75 g d'amandes en poudre
3 oignons émincés
4 gousses d'ail hachées
2 pincées de filaments de safran
1 botte de coriandre hachée
1 cuillerée à soupe de moutarde
20 cl de vin blanc
20 cl d'huile d'olive
Sel
Poivre du moulin

1 bocal de 1500 ml stérilisé avec joint en caoutchouc

Manchons de volaille au vinaigre

TEMPS DE PRÉPARATION
40 minutes + 40 minutes de stérilisation

INGRÉDIENTS POUR 4 PERSONNES

8 manchons de volaille
2 cuillerées à soupe de concentré de tomate
1 litre de fond de volaille
15 cl de vinaigre de vin vieux
40 g de beurre
1 cuillerée à soupe d'huile d'arachide
Sel
Poivre du moulin

2 bocaux de 750 ml stérilisés avec joints en caoutchouc

Faites chauffer l'huile d'arachide et 20 g de beurre dans une cocotte, puis faites-y dorer les manchons de volaille pendant 10 minutes à feu moyen. Égouttez-les et essuyez la graisse rejetée à la cuisson.

Faites chauffer le reste de beurre dans la cocotte, remettez-y les manchons, couvrez et laissez-les cuire 10 minutes à feu doux. Salez, poivrez, ajoutez le concentré de tomate et le vinaigre, puis laissez réduire 3 minutes à feu vif.

Versez le fond de volaille et laissez cuire encore 15 minutes à feu vif. Salez, poivrez et répartissez les manchons et la sauce dans les bocaux.

Nettoyez le bord des bocaux à l'aide d'un torchon humide, placez les joints en caoutchouc et fermez les bocaux.

Stérilisez-les 40 minutes (voir conseils et méthode p. 76).

Vous pouvez conserver ces bocaux 2 mois dans un endroit sec et frais.

Cervelle de canut

TEMPS DE PRÉPARATION
10 minutes + 2 heures au réfrigérateur
(pas de stérilisation)

INGRÉDIENTS
POUR 4 PERSONNES

300 g de faisselle
2 échalotes hachées
1 gousse d'ail écrasée
5 tiges de cerfeuil haché
3 brins d'estragon haché
4 brins de persil plat haché
2 cuillerées à soupe de vinaigre de vin
2 cuillerées à soupe d'huile d'olive
Sel
Poivre du moulin

4 bocaux de 135 ml

Démoulez la faisselle dans un saladier. Ajoutez le vinaigre et mélangez.

Incorporez ensuite l'huile d'olive, le cerfeuil, le persil, l'estragon, l'ail, les échalotes, 1 pincée de sel et 1 tour de moulin à poivre, puis mélangez bien.

Répartissez cette préparation dans les bocaux. Fermez-les et réservez-les 2 heures au réfrigérateur avant de servir.

Vous pouvez conserver ces bocaux jusqu'à 2 jours au réfrigérateur. Dégustez la cervelle de canut sur des tranches de pain de campagne grillées, en la recouvrant d'un filet d'huile d'olive.

Clochettes de chèvre à l'huile d'olive

La veille, déposez les clochettes de chèvre dans le bocal.

Ajoutez les gousses d'ail entières épluchées, l'échalote, l'estragon, le piment d'Espelette, 1 pincée de sel et 1 tour de moulin à poivre.

Recouvrez les clochettes d'huile d'olive en ne laissant dépasser que la paille, puis ajoutez le vinaigre. Refermez le bocal et laissez mariner les clochettes toute la nuit à température ambiante.

Vous pouvez conserver ce bocal 15 jours au réfrigérateur. Pensez alors à l'en sortir un peu à l'avance. Accompagnez les clochettes de tranches de pain de campagne grillées.

TEMPS DE PRÉPARATION
5 minutes + 1 nuit de marinade
(pas de stérilisation)

INGRÉDIENTS POUR 4 PERSONNES

20 clochettes de chèvre
(piquées d'un morceau de paille)
4 gousses d'ail
1 échalote émincée
1 pincée de piment d'Espelette
3 brins d'estragon
2 cuillerées à soupe de vinaigre de vin
80 cl d'huile d'olive
Sel de Guérande
Poivre du moulin

1 bocal de 200 ml

Faisselle à la blette et au poivron

TEMPS DE PRÉPARATION
45 minutes + 1 heure de marinade
(pas de stérilisation)

INGRÉDIENTS POUR 4 PERSONNES

500 g de faisselle
1 belle côte de blette
1 poivron rouge
1 branche de thym
2 cuillerées à soupe de farine
Le jus de 1 citron
4 cuillerées à soupe de vinaigre de vin
40 cl d'huile d'olive
Sel
Poivre du moulin

4 bocaux de 135 ml

Faites griller le poivron sous le gril du four (ou au barbecue) jusqu'à ce qu'il noircisse. Pelez-le, épépinez-le et coupez-le en lanières. Déposez-les dans un plat creux, ajoutez 20 cl d'huile et le thym, puis laissez mariner 1 heure.

Dans une casserole remplie d'eau, versez la farine et le jus de citron, puis portez à ébullition. Retirez la partie verte de la blette, cassez la côte pour supprimer les filandres et coupez-la en tronçons. Plongez-les dans l'eau bouillante et laissez-les cuire 10 minutes à feu vif. Rafraîchissez-les et égouttez-les.

Préparez une vinaigrette : faites dissoudre 1 pincée de sel dans le vinaigre. Ajoutez 1 tour de moulin à poivre et versez le reste d'huile d'olive en fouettant.

Répartissez les trois quarts des tronçons de blette au fond des bocaux, ajoutez une couche de faisselle et les lanières de poivron égouttées. Recouvrez d'une couche de blette et versez la vinaigrette. Fermez les bocaux et servez.

Vous pouvez conserver ces bocaux 4 jours au réfrigérateur.

Saint-marcellin marinés

TEMPS DE PRÉPARATION
5 minutes + 2 heures de marinade (pas de stérilisation)

INGRÉDIENTS POUR 4 PERSONNES

4 saint-marcellin
50 g de cerneaux de noix mondés
50 g de noisettes concassées
1 échalote
4 gousses d'ail
2 brins d'estragon
1 cuillerée à soupe d'huile de noix (ou de noisette)
40 cl d'huile d'olive

4 bocaux de 135 ml

Faites chauffer l'huile de noix dans une poêle et faites-y griller les noix et les noisettes 5 minutes à feu vif.

Épluchez et émincez l'échalote. Épluchez les gousses d'ail et hachez-les finement.

Déposez un saint-marcellin dans chaque bocal. Ajoutez les noix et les noisettes grillées, l'ail, l'échalote et les feuilles d'estragon, puis versez l'huile d'olive.

Fermez les bocaux et laissez les saint-marcellin mariner 2 heures à température ambiante avant de servir.

Vous pouvez déguster les saint-marcellin aussitôt ou les conserver 1 semaine au réfrigérateur. Pensez à les sortir à température ambiante 2 heures à l'avance. Servez-les avec des tranches de pain aux noix grillées.

Brebis basque à la confiture de cerises

TEMPS DE PRÉPARATION
35 minutes (pas de stérilisation)

INGRÉDIENTS POUR 4 PERSONNES

200 g de fromage de brebis basque (type ardi-gasna)

1,2 kg de cerises lavées, équeutées et dénoyautées (type burlat)

Le jus de 1 citron

20 cl de kirsch

600 g de sucre gélifiant

2 bocaux de 200 ml stérilisés

Dans une bassine à confiture (ou une sauteuse antiadhésive), versez le kirsch, le sucre et le jus de citron. Portez à ébullition (à 110 °C, si vous possédez un thermomètre de cuisson).

Ajoutez les cerises et laissez cuire 25 minutes environ à feu vif en mélangeant et en écumant. Versez immédiatement cette confiture dans les bocaux.

Nettoyez le bord des bocaux à l'aide d'un torchon humide, placez les joints en caoutchouc et fermez les bocaux. Retournez-les aussitôt jusqu'à complet refroidissement.

Servez ces petits bocaux de confiture avec le fromage de brebis coupé en fines tranches.

Vous pouvez conserver ces bocaux 1 an dans un endroit sec et frais (15 jours au réfrigérateur s'ils ont été ouverts). Vous pouvez aussi stériliser ces bocaux 45 minutes. Vous les conserverez ainsi beaucoup plus longtemps.

Chèvre frais truffé aux poireaux

TEMPS DE PRÉPARATION
15 minutes (pas de stérilisation)

INGRÉDIENTS POUR 4 PERSONNES

200 g de chèvre frais (type sainte-maure)
1 belle truffe
1 poireau
100 g de tomates séchées
2 cuillerées à soupe de vinaigre de xérès
5 cuillerées à soupe d'huile d'olive
15 g de beurre
Sel
Poivre du moulin

2 bocaux de 200 ml

Retirez les feuilles abîmées du poireau, lavez-le et émincez-le. Déposez-le dans une passoire posée dans un saladier d'eau froide et égouttez-le. Faites chauffer le beurre dans une casserole et faites-y cuire le poireau avec 1 pincée de sel et 1 tour de moulin à poivre 10 minutes à feu vif sans cesser de mélanger. Laissez-le refroidir.

Dans un saladier, mélangez bien le chèvre frais, 4 cuillerées à soupe d'huile, le vinaigre, 1 pincée de sel et 1 tour de moulin à poivre jusqu'à l'obtention d'une consistance homogène.

Dans un bol, hachez très finement la truffe, ajoutez le reste d'huile, 1 pincée de sel et 1 tour de moulin à poivre, puis mélangez bien le tout.

Répartissez le poireau émincé dans les bocaux. À l'aide d'une cuillère (ou d'une poche à douille), recouvrez-le de la préparation au chèvre frais. Ajoutez une couche de tomates et terminez par une couche de truffe. Fermez les bocaux et servez aussitôt.

Le chèvre frais truffé aux poireaux sera encore meilleur si vous le dégustez très frais.

Fromage battu aux bananes et au rhum

TEMPS DE PRÉPARATION
20 minutes (pas de stérilisation)

INGRÉDIENTS POUR 4 PERSONNES

400 g de fromage blanc battu
3 bananes coupées en rondelles
1 gousse de vanille
4 cuillerées à soupe de rhum ambré
80 g de cassonade

4 bocaux de 135 ml

Préchauffez le gril du four.

Fendez la gousse de vanille et grattez l'intérieur au-dessus d'un saladier pour y faire tomber les graines. Ajoutez le fromage blanc et la moitié de la cassonade, puis mélangez bien. Incorporez un tiers des rondelles de banane et mélangez à nouveau.

Retirez les couvercles des bocaux et répartissez cette préparation dans chacun d'eux. Disposez le reste de rondelles de banane sur le dessus et saupoudrez du reste de cassonade.

Passez les bocaux 5 minutes sous le gril du four (ou utilisez un chalumeau).

Pendant ce temps, faites chauffer le rhum à feu doux.

Sortez les bocaux du four, versez 1 cuillerée à soupe de rhum sur le dessus de chacun d'eux et flambez jusqu'à extinction. Remettez les couvercles des bocaux et fermez-les. Servez aussitôt.

Vous pouvez remplacer les bananes par des framboises et le rhum par de la crème de framboise (ou des mûres et de la crème de mûre, des fraises et de la crème de fraise des bois...).

Crèmes au chocolat à l'ancienne

Versez le lait dans une grande casserole. Fendez la gousse de vanille et grattez les graines dans le lait. Ajoutez la gousse et portez à ébullition. Laissez infuser hors du feu.

Dans un saladier, fouettez les jaunes d'œufs et le sucre jusqu'à l'obtention d'un mélange lisse et homogène. Retirez la gousse de vanille du lait et versez-le petit à petit sur le mélange à base d'œufs en fouettant. Remettez le tout dans la casserole et faites cuire 10 minutes à feu doux en remuant. Le mélange ne doit pas bouillir.

Faites fondre le chocolat au bain-marie (ou au micro-ondes). Transvasez-le dans un saladier et versez par-dessus la préparation à base d'œufs. Mélangez cette préparation et remplissez-en les bocaux. Fermez les bocaux tant que les crèmes sont chaudes. Laissez-les refroidir et réservez-les 4 heures au réfrigérateur avant de servir.

Vous pouvez conserver ces bocaux 15 jours au réfrigérateur.

TEMPS DE PRÉPARATION
30 minutes + 4 heures au réfrigérateur (pas de stérilisation)

INGRÉDIENTS POUR 4 PERSONNES

350 g de chocolat noir

5 jaunes d'œufs

1 gousse de vanille

50 cl de lait entier

80 g de sucre semoule

4 bocaux de 200 ml

Salade de fruits au marasquin

TEMPS DE PRÉPARATION
45 minutes + 2 jours au réfrigérateur
(pas de stérilisation)

INGRÉDIENTS POUR 4 PERSONNES

250 g de fraises
250 g de framboises
2 oranges
2 kiwis
1 banane
1 ananas
1 pomme (type granny-smith)
1 poire
1 pamplemousse
150 g de raisin noir
1/2 bouquet de menthe ciselée
10 cl de marasquin
300 g de sucre semoule

1 bocal de 2000 ml stérilisé avec joint en caoutchouc

Lavez la pomme et la poire, retirez-en le cœur et les pépins sans les éplucher, puis coupez-les en bâtonnets. Pelez les oranges et le pamplemousse à vif, détaillez-les en quartiers et pelez-les. Lavez les fraises, équeutez-les et coupez les plus grosses en deux. Lavez les grains de raisin, coupez-les en deux et épépinez-les. Épluchez l'ananas, évidez-le et coupez-le en bâtonnets. Pelez les kiwis et la banane et coupez-les en bâtonnets.

Dans une casserole, versez 50 cl d'eau et ajoutez le sucre. Portez à ébullition et laissez chauffer ce sirop pendant 15 minutes à feu doux.

Alternez tous les fruits ainsi que les framboises dans le bocal en déposant quelques feuilles de menthe entre chaque couche. Versez le sirop chaud et le marasquin. Nettoyez le bord du bocal à l'aide d'un torchon humide, placez le joint et fermez le bocal. Retournez-le aussitôt jusqu'à complet refroidissement et réservez-le 2 jours au réfrigérateur.

Vous pouvez conserver ce bocal 15 jours à température ambiante. En réalisant cette recette avec 10 cl de sirop seulement et 75 cl de marasquin, vous pourrez conserver ce bocal pendant 1 an.

Crèmes aux œufs de la grand-mère

TEMPS DE PRÉPARATION
1 heure 15 + 4 heures au réfrigérateur
(pas de stérilisation)

INGRÉDIENTS POUR 4 PERSONNES

8 œufs
1 gousse de vanille
1 litre de lait entier
15 morceaux de sucre
Pour le caramel :
18 morceaux de sucre

4 bocaux de 200 ml

Dans une casserole (en cuivre de préférence), préparez le caramel : faites cuire les morceaux de sucre à feu doux jusqu'à l'obtention d'un caramel. Retirez les couvercle des bocaux et répartissez-y le caramel en les inclinant afin de bien l'étaler sur les parois.

Versez le lait dans une grande casserole. Fendez la gousse de vanille et grattez les graines dans le lait. Ajoutez la gousse et les morceaux de sucre, puis portez à ébullition. Retirez la gousse et laissez tiédir ce lait vanillé hors du feu.

Préchauffez le four à 180 °C (th. 6).

Battez les œufs en omelette dans un saladier, ajoutez-y le lait vanillé et mélangez. Versez cette préparation au-dessus d'une passoire directement dans les bocaux. Mettez-les au four dans un bain-marie pendant 45 minutes (les crèmes sont cuites lorsque la pointe d'un couteau en ressort sèche). Sortez les crèmes du four et laissez-les refroidir.

Remettez les couvercles des bocaux et fermez-les. Réservez-les 4 heures au réfrigérateur et servez.

Vous pouvez conserver ces bocaux 15 jours au réfrigérateur.

Confiture fraises-abricots

TEMPS DE PRÉPARATION
3 heures de macération +
30 minutes (pas de stérilisation)

INGRÉDIENTS POUR 4 PERSONNES

500 g d'abricots

450 g de fraises (type gariguette)

Le jus de 1 citron

300 g de sucre gélifiant

2 bocaux de 200 ml stérilisés

Lavez les fraises, égouttez-les et équeutez-les. Lavez les abricots, coupez-les en deux et dénoyautez-les. Déposez ces fruits dans une bassine à confiture (ou une sauteuse antiadhésive) et ajoutez le sucre et le jus de citron. Mélangez et laissez macérer 3 heures à température ambiante.

Faites cuire le tout pendant 25 minutes à feu vif en mélangeant et en écumant. Versez immédiatement cette confiture dans les bocaux. Nettoyez les bords à l'aide d'un torchon humide et fermez les bocaux. Retournez-les aussitôt jusqu'à complet refroidissement.

Vous pouvez conserver ces bocaux 1 an dans un endroit sec et frais (15 jours au réfrigérateur s'ils ont été ouverts). Vous pouvez aussi les stériliser 45 minutes. Vous les conserverez ainsi beaucoup plus longtemps.

Confiture de framboises

Dans une bassine à confiture (ou une sauteuse antiadhésive), versez le sucre et le jus de citron. Portez à ébullition (à 110 °C, si vous possédez un thermomètre de cuisson).

Ajoutez les framboises et laissez cuire 25 minutes environ à feu vif en mélangeant et en écumant.

Versez immédiatement cette confiture dans les bocaux. Nettoyez le bord des bocaux à l'aide d'un torchon humide et fermez les bocaux. Retournez-les aussitôt jusqu'à complet refroidissement.

Vous pouvez conserver ces bocaux 1 an dans un endroit sec et frais (15 jours au réfrigérateur s'ils ont été ouverts). Vous pouvez aussi les stériliser 45 minutes. Vous les conserverez ainsi beaucoup plus longtemps.

TEMPS DE PRÉPARATION
30 minutes (pas de stérilisation)

INGRÉDIENTS POUR 4 PERSONNES

1 kg de framboises bien mûres

Le jus de 1 citron

600 g de sucre gélifiant

2 bocaux de 200 ml stérilisés

Petits fars bretons

TEMPS DE PRÉPARATION
2 heures (pas de stérilisation)

INGRÉDIENTS POUR 4 PERSONNES

350 g de pruneaux dénoyautés
100 g de raisins secs
1 sachet de thé
4 œufs
250 g de farine (type 55)
40 cl de lait entier
30 g de beurre
2 cuillerées à soupe de sucre glace
70 g de sucre semoule
Sel

4 bocaux de 200 ml

Portez 1 litre d'eau à ébullition. Faites-y infuser le sachet de thé et ajoutez les raisins et les pruneaux. Laissez-les gonfler 1 heure à feu doux et égouttez-les.

Préchauffez le four à 180 °C (th. 6).

Battez les œufs en omelette. Dans un saladier, mélangez la farine, 40 g de sucre et 1 pincée de sel. Ajoutez les œufs battus et le lait, puis mélangez jusqu'à l'obtention d'un mélange homogène. Incorporez les raisins et les pruneaux et mélangez bien.

Beurrez les bocaux après avoir retiré leur couvercle et saupoudrez-les du reste de sucre semoule. Répartissez-y la préparation à base de pruneaux et de raisins et mettez-les 50 minutes au four dans un bain-marie. Les fars doivent être bien dorés. Laissez-les refroidir et saupoudrez-les de sucre glace.

Remettez les couvercles des bocaux et fermez-les. Servez aussitôt.

Vous pouvez conserver ces bocaux pendant 2 jours, en évitant de les placer au réfrigérateur car les fars perdraient leur moelleux.

Crèmes brûlées à la chartreuse

Préchauffez le four à 120 °C (th. 4).

Versez le lait et la crème liquide dans une casserole. Fendez la gousse de vanille et grattez les graines dans ce mélange. Ajoutez la gousse et portez à ébullition. Laissez reposer 20 minutes, puis retirez la gousse de vanille.

Fouettez les jaunes d'œufs et le sucre jusqu'à l'obtention d'un mélange homogène et onctueux.

Mélangez les deux préparations dans un saladier et ajoutez la chartreuse. Mélangez et répartissez ce mélange dans les bocaux. Retirez leur couvercle, enfournez-les dans un bain-marie et laissez-les cuire 50 minutes. Vérifiez la cuisson en remuant légèrement les bocaux : la crème ne doit pas trembler au centre. Laissez refroidir les bocaux et réservez-les 2 heures environ au réfrigérateur.

Préchauffez le gril du four.

Saupoudrez les crèmes de cassonade et faites-les caraméliser 5 minutes sous le gril. Remettez les couvercles des bocaux, fermez-les et servez aussitôt.

Vous pouvez parfumer vos crèmes à la pistache en incorporant 80 g de pâte de pistache (dans les épiceries fines) au mélange de lait et de crème.

TEMPS DE PRÉPARATION
1 heure 40 + 2 heures au réfrigérateur
(pas de stérilisation)

INGRÉDIENTS POUR 4 PERSONNES

9 jaunes d'œufs

1 gousse de vanille

8 cl de chartreuse

70 cl de lait

70 cl de crème fraîche liquide

50 g de cassonade

150 g de sucre semoule

4 bocaux de 135 ml

Compote de rhubarbe et de fraises

Retirez les extrémités de la rhubarbe, effilez-la à l'aide d'un économe et coupez-la en tronçons de 6 cm de longueur environ. Déposez-les dans un saladier et versez le sucre par-dessus. Laissez dégorger 45 minutes environ.

Rincez les fraises, égouttez-les et équeutez-les. Coupez les plus grosses en deux.

Égouttez la rhubarbe et faites chauffer son sirop 15 minutes à feu doux dans une sauteuse antiadhésive. Il doit avoir réduit de moitié. Ajoutez la rhubarbe et laissez cuire 10 minutes à feu moyen. Ajoutez les fraises et continuez la cuisson 5 minutes.

Remplissez aussitôt le bocal. Nettoyez le bord du bocal à l'aide d'un torchon humide, placez le joint en caoutchouc et fermez le bocal. Retournez-le aussitôt jusqu'à complet refroidissement.

Stérilisez-le pendant 45 minutes (voir conseils et méthode p. 76).

Vous pouvez conserver cette compote 6 mois au réfrigérateur. Servez-la accompagnée de glace à la vanille ou de crème fraîche.

TEMPS DE PRÉPARATION
1 heure 15 + 45 minutes de stérilisation

INGRÉDIENTS POUR 4 PERSONNES

1 kg de rhubarbe (8 tiges environ)
400 g de fraises (type gariguette)
250 g de sucre semoule

1 bocal de 1 000 ml stérilisé avec joint en caoutchouc

Soufflés glacés à la myrtille

TEMPS DE PRÉPARATION
30 minutes + 1 nuit au congélateur
(pas de stérilisation)

INGRÉDIENTS POUR 4 PERSONNES

180 g de confiture de myrtilles
(ou de fruits de votre choix)
6 jaunes d'œufs
20 cl de crème fraîche liquide
800 g de sucre semoule

4 bocaux de 135 ml

Dans une casserole, versez 25 cl d'eau et ajoutez le sucre. Portez à ébullition et laissez chauffer 10 minutes à feu doux. Le mélange doit avoir réduit d'un tiers environ. Laissez tiédir ce sirop.

Fouettez les jaunes d'œufs et le sirop tiède jusqu'à l'obtention d'un mélange onctueux et homogène. Faites-le cuire au bain-marie 10 minutes à feu doux, puis portez à ébullition sans cesser de mélanger. Retirez du feu et continuez de fouetter jusqu'à complet refroidissement. Incorporez la confiture de myrtilles à cette préparation et mélangez délicatement à l'aide d'une spatule en bois.

Fouettez la crème liquide jusqu'à l'obtention d'une consistance de chantilly et mélangez-la délicatement à la préparation à base d'œufs et de confiture.

Répartissez ce mélange dans les bocaux et fermez-les. Réservez-les toute la nuit au congélateur.

Pensez à sortir vos bocaux du congélateur 15 minutes avant de les déguster.

Riz au lait

TEMPS DE PRÉPARATION
50 minutes + 35 minutes de stérilisation

INGRÉDIENTS POUR 4 PERSONNES

200 g de riz rond (type arborio)
2 jaunes d'œufs
1 gousse de vanille
1 litre de lait entier
50 g de beurre
70 g de sucre semoule

4 bocaux de 200 ml stérilisés avec joints en caoutchouc

Versez le lait dans une casserole. Fendez la gousse de vanille et grattez les graines dans le lait. Ajoutez le sucre et portez à ébullition.

Portez à ébullition 1 litre d'eau dans une casserole. Rincez le riz et plongez-le dans l'eau bouillante. Égouttez-le au bout de 2 minutes et versez-le dans le lait bouillant. Couvrez, puis laissez cuire pendant 35 minutes à feu doux en remuant régulièrement. Ajoutez le beurre et les jaunes d'œufs, puis mélangez bien le tout. Répartissez le riz au lait dans les bocaux en ajoutant un peu du lait de cuisson. Nettoyez le bord des bocaux à l'aide d'un torchon humide, placez les joints en caoutchouc et fermez les bocaux.

Stérilisez-les 35 minutes (voir conseils et méthode p. 76).

Vous pouvez conserver ces bocaux 2 mois dans un endroit sec et frais.

Framboises à l'eau-de-vie

TEMPS DE PRÉPARATION
5 minutes + 6 mois de macération
(pas de stérilisation)

INGRÉDIENTS POUR 4 PERSONNES

2 kg de framboises

1,5 litre d'alcool de fruits à 40°

60 g de sucre semoule

1 bocal de 1 500 ml stérilisé avec joint en caoutchouc

Déposez les framboises dans le bocal. Ajoutez le sucre et versez l'alcool de fruits.

Nettoyez le bord du bocal à l'aide d'un torchon humide, placez le joint en caoutchouc et fermez le bocal.

Laissez macérer 6 mois dans un endroit sec et frais avant de servir ces framboises en digestif.

Vous pouvez conserver ce bocal 2 ans dans un endroit sec et frais (15 jours s'il a été ouvert).
Les framboises et l'alcool de fruits peuvent être remplacés par des cerises et du kirsch ou des pruneaux et de l'armagnac.

La stérilisation

Conseils et méthode

La stérilisation est un mode de cuisson très pratique pour une conservation naturelle de vos aliments. Ce procédé est d'une facilité enfantine, vous verrez que la plupart de vos préparations peuvent être stérilisées.

Ce procédé crée un vide d'air en tuant les microbes et les parasites, qui ne résistent ni à une température de plus de 100 °C ni à l'absence d'air. Vous pouvez, pour cela, utiliser un stérilisateur (grandes surfaces) mais aussi, ce qui est tout aussi efficace, une cocotte.

Faites attention au choix des joints en caoutchouc (ou des capsules), veillez à ce qu'ils correspondent bien au diamètre des bocaux. Sachez que les bocaux ont une durée de vie de deux stérilisations et que les joints (ou capsules) ne peuvent servir qu'une seule fois. Vous risqueriez de gâter vos conserves pour une économie inférieure au prix du contenu de vos bocaux.

Il est important de stériliser les bocaux avant usage. Pour ce faire, déposez-les dans une casserole d'eau (avec les couvercles et les joints en caoutchouc) et portez à ébullition. Retirez-les et égouttez-les à l'envers sur un linge propre, sans les essuyer pour éviter que des peluches du tissu ne s'y déposent.

La méthode de stérilisation est identique pour toutes vos préparations. Seule la durée de stérilisation et de conservation varient de l'une à l'autre. Ces durées sont indiquées dans chacune des recettes stérilisables de cet ouvrage.

Voici les étapes à suivre pour stériliser vos produits :

- **Remplissez les bocaux** jusqu'au trait de remplissage ; s'il n'y en a pas, arrêtez-vous à 2 cm du bord. Il peut en effet se produire une forte dilatation des ingrédients pendant la stérilisation.
- **Nettoyez le bord des bocaux** à l'aide d'un torchon humide, placez le joint en caoutchouc ou les capsules et fermez-les.
- **Enveloppez chaque bocal d'un linge** afin qu'il ne se casse pas pendant la cuisson.
- **Déposez un linge au fond de la cocotte**, mettez les bocaux et couvrez-les d'un autre linge.
- **Posez par-dessus une pierre propre** ou tout autre objet pouvant servir de poids.
- **Remplissez la cocotte d'eau froide** jusqu'à une hauteur de 10 à 15 cm au-dessus des bocaux.
- **Couvrez et portez à ébullition** à feu vif. Laissez ensuite les bocaux stériliser à feu moyen en respectant le temps de stérilisation de chaque recette. La température doit être comprise entre 100 °C et 115 °C.
- **Laissez refroidir vos bocaux dans l'eau** afin de ne pas interrompre la stérilisation. Pour certaines recettes (terrines), il faudra laisser les bocaux dans l'eau après leur refroidissement.
- **Retirez les bocaux de la cocotte**, vérifiez qu'ils sont bien fermés et séchez les couvercles.
- **Étiquetez vos bocaux** et rangez-les dans un endroit sec et frais (cave ou placard) en respectant le temps de conservation indiqué pour chacun. Après leur ouverture, réservez-les au réfrigérateur.

Et maintenant, à vous de jouer !

Remerciements

À toutes les personnes qui m'ont permis d'accomplir ce livre, et d'aller au bout de ce que je croyais.
À Jean-Luc Petitrenaud, à l'égard de qui j'éprouve un profond respect pour sa passion et son goût de la restauration.
À Aurélie Cazenave, sans qui ce livre n'aurait jamais pu voir le jour.
À Catherine et Alain, avec qui nous avons passé de précieux moments.
À mon père, le père Claude, que je ne remercierai jamais assez de m'avoir donné le virus de la restauration.

Ludovic Perraudin

Shopping

Tous nos remerciements aux fabricants, boutiques et show-rooms pour leur collaboration :

Bridgewater
739, Fulham road
London SW65 UL
www.bridgewaterpottery.co.uk
Page : 68

CMO
5, rue de Chabanais
75002 Paris
Tél. : 01 40 20 45 98
Pages : 64-65

Guy Degrenne
Points de vente au : 02 31 66 44 00
Pages : 14-15, 75

Le Jacquard Français
Points de vente au : 03 29 60 61 99
Pages : 59, 75

Libeco.Lagae
Points de vente au : 03 20 42 96 63
Pages : 43, 53, 72-73

Luminarc
Points de vente au :
0810 810 759 (Numéro vert)
Pages : 9, 17, 39, 53, 59, 75

Résonances
Tél. : 01 30 97 88 44
Pages : 14-15, 56-57

Robert le Héros
13, rue de Saintonge - 75003 Paris
Tél. : 01 44 59 33 22
www.robertleheros.com
Pages : 11, 28-29, 34, 50, 56-57, 61

Sté Fernand Jacob (agent d'usine)
16, rue Martel - 75010 Paris
Tél. : 01 42 46 21 20
Pages : 46-47

Weck
www.techna.tm.fr_contact
Pages : 20, 31, 43, 50, 72-73

WMF
Bercy Expo
24, avenue des Terroirs-de-France
75012 Paris
Points de vente au : 01 44 74 18 81
Pages : 28-29, 50, 53, 57, 59, 64-65

En couverture :
bocal Fernand Jacob

Et tout particulièrement à la
société Bragard
186-188, rue du Faubourg-
Saint-Martin - 75010 Paris
Tél. : 01 42 09 78 09
Fax : 01 40 38 99 02

DANS LA MÊME COLLECTION :

Les Petites Boîtes de Stéphane Thoreton
Les Petits Bols de Jérôme Gangneux
Les Petites Cochonnailles de David Baroche
Les Petits Plats Scandinaves de Peter Thulstrup
Les Petites Poêlées de Bruno Gensdarmes

Photogravure : Quadrilaser à Ormes
Achevé d'imprimer en février 2004
sur les presses de l'imprimerie Ercom à Vicenza
ISBN : 2-8307-0745-1
Dépôt légal : avril 2004
Imprimé en Italie